# O JARDIM ENCANTADO

Catalogação na Fonte
Elaborado por: Josefina A. S. Guedes
Bibliotecária CRB 9/870

| | |
|---|---|
| L864j | Lopes, Edleia |
| 2019 | O jardim encantado / Edleia Lopes. - 1. ed. - Curitiba: Appris, 2019. |
| | 97 p.: il. ; 21 cm |
| | |
| | Inclui bibliografias |
| | ISBN 978-85-473-2849-8 |
| | |
| | 1. Literatura infantil. I. Título. |

CDD – 028.5

Livro de acordo com a normalização técnica da ABNT

Editora e Livraria Appris Ltda.
Av. Manoel Ribas, 2265 – Mercês
Curitiba/PR – CEP: 80810-002
Tel: (41) 3156 - 4731
www.editoraappris.com.br

**Appris** *editora*

Printed in Brazil
Impresso no Brasil

Edleia Lopes

# O JARDIM ENCANTADO

**Appris** *editora*

Editora Appris Ltda.
1.ª Edição - Copyright© 2019 dos autores
Direitos de Edição Reservados à Editora Appris Ltda.

Nenhuma parte desta obra poderá ser utilizada indevidamente, sem estar de acordo com a Lei nº 9.610/98.
Se incorreções forem encontradas, serão de exclusiva responsabilidade de seus organizadores.
Foi realizado o Depósito Legal na Fundação Biblioteca Nacional, de acordo com as Leis nos 10.994, de 14/12/2004,
e 12.192, de 14/01/2010.

## FICHA TÉCNICA

| | |
|---|---|
| EDITORIAL | Augusto V. de A. Coelho |
| | Marli Caetano |
| | Sara C. de Andrade Coelho |
| COMITÊ EDITORIAL | Andréa Barbosa Gouveia (UFPR) |
| | Jacques de Lima Ferreira (UP) |
| | Marilda Aparecida Behrens (PUCPR) |
| | Ana El Achkar (UNIVERSO/RJ) |
| | Conrado Moreira Mendes (PUC-MG) |
| | Eliete Correia dos Santos (UEPB) |
| | Fabiano Santos (UERJ/IESP) |
| | Francinete Fernandes de Sousa (UEPB) |
| | Francisco Carlos Duarte (PUCPR) |
| | Francisco de Assis (Fiam-Faam, SP, Brasil) |
| | Juliana Reichert Assunção Tonelli (UEL) |
| | Maria Aparecida Barbosa (USP) |
| | Maria Helena Zamora (PUC-Rio) |
| | Maria Margarida de Andrade (Umack) |
| | Roque Ismael da Costa Güllich (UFFS) |
| | Toni Reis (UFPR) |
| | Valdomiro de Oliveira (UFPR) |
| | Valério Brusamolin (IFPR) |
| ASSESSORIA EDITORIAL | Bruna Fernanda Martins |
| REVISÃO | Andrea Bassoto Gatto |
| PRODUÇÃO EDITORIAL | Fernando Nishijima |
| ASSISTÊNCIA DE EDIÇÃO | Suzana vd Tempel |
| DIAGRAMAÇÃO | Bruno Ferreira Nascimento |
| CAPA | Arthur Aiolfi Guimarães |
| ILUSTRAÇÕES | Jessica Amantino Paes |
| COMUNICAÇÃO | Carlos Eduardo Pereira |
| | Débora Nazário |
| | Karla Pipolo Olegário |
| LIVRARIAS E EVENTOS | Estevão Misael |
| GERÊNCIA DE FINANÇAS | Selma Maria Fernandes do Valle |

*Aos meus onze sobrinhos!*

*Apesar de a maioria de vocês já não apresentar nenhum semblante infantil, no meu coração sempre estará a imagem da criança alegre, barulhenta e sorridente que cada um foi para mim.*

*A tia deseja que vocês se enxerguem como de fato foram criados; como seres cheios de profunda beleza e dotados de detalhes que os fazem únicos e especiais! Por isso, não se comparem a ninguém!*

*Reconheçam e valorizem cada detalhe do corpo, da personalidade e da mente de vocês.*

*Aconteça o que for, jamais fujam de qualquer desafio que se colocar no caminho de vocês. Enfrente-os com bravura! Não tenham medo! "Eussou" estará sempre por perto!*

*Eu amo cada um de vocês com um amor sincero e genuíno, e consigo enxergar em suas vidas o toque assombrosamente maravilhoso do Criador!*

# AGRADECIMENTOS

Agradeço ao meu marido, que sempre me apoia, anima-me e incentiva-me em cada obra que me proponho a escrever. Pode ter certeza, amor, de que sem você tudo seria muito difícil.

Sou grata também aos meus irmãos, por terem estado ao meu lado, por terem vivido comigo as aventuras mais deliciosas da infância, e por terem gerado em meu coração lembranças e fantasias que até hoje me inspiram e me ensinam. Vocês quatro têm um significado eterno para mim! Eu amo vocês!

# PREFÁCIO

O livro infantil demarca um conjunto de produções literárias a toda e qualquer manifestação do sentimento ou pensamento por meio das palavras, possuindo características que podem levar crianças e adultos a uma abrangente compreensão do mundo que está ao seu redor, afinal, quando o que lemos é atraente e apresenta uma linguagem que favorece a compreensão, a leitura torna-se inevitavelmente prazerosa.

Diante dessa premissa, a presente obra não se trata simplesmente de um livro para crianças. Trata-se de literatura, de um livro que, rejeitando o estereótipo, desenvolve-se pelos vieses da invenção, da criatividade e no valor do conteúdo, objetivando em todos os capítulos contribuir para a formação de leitores críticos e reflexivos, nos quais a autora, com muita propriedade e articulação de ideias, consegue abarcar temas do cotidiano infantil de maneira lúdica e, sobretudo, didática.

A obra é rica em descrição, com os detalhes corroborando de forma efetiva para que o pequeno leitor viaje em sua imaginação, levando-o a apropriação dos mais variados discursos. Nesta obra, a autora, de maneira muito perspicaz, aborda temas contemporâneos, tais como o bullying e o enfrentamento de situações adversas, passando pelos meandros do real, sem abandonar a ludicidade.

O suspense está presente de maneira efetiva em boa parte do livro, no qual, por meio de recortes muito bem alinhavados, os pequenos leitores são levados a se deleitarem no mundo prazeroso da leitura, utilizando como aporte as fábulas, em que a analogia entre o cotidiano humano e as histórias vivenciadas pelos personagens conseguem abordar a autoestima e as diferenças entre pessoas, sem impor ideias de cunho moralista e proporcionando ao leitor a liberdade da construção do significado do texto, abrindo possibilidades para a criação e recriação a partir do que foi lido.

Frente ao mencionado, sinto-me lisonjeado em poder prefaciar uma obra de tamanho valor cultural, na qual os diálogos dos personagens são envolventes e nos motivam a ler sem parar, fazendo com que o leitor desempenhe papel ativo da leitura e queira devorar cada palavra, desenvolvendo, a capacidade da apropriação, tornando o livro uma poderosa ferramenta para abordar a intertextualidade e a interdisciplinaridade, tão marcantes no mundo contemporâneo.

**Prof. Dr. Leonardo Montes Lopes**

*Mestre em Educação (UFG), pesquisando sobre bibliotecas públicas.*

*Doutor em Educação pela Unesp, com pesquisa voltada para bibliotecas escolares e formação de leitores.*

*Orientador Educacional da Secretária Municipal de Educação de Rio Verde.*

*Professor da Universidade de Rio Verde (UniRV), na Faculdade de Educação.*

# SUMÁRIO

1 QUE DELÍCIA DE LUGAR .......... 13

2 AMIGÕES .......... 17

3 QUE TAL FUGIR? .......... 21

4 AS MALDADES .......... 25

5 BULLYING .......... 29

6 LARGA DO MEU PÉ! .......... 33

7 A FUGA .......... 37

8 A GRANDE SURPRESA .......... 41

9 SURPRESA MAIOR .......... 45

10 ELE ESTÁ ME VENDO... .......... 53

11 EU SOU ESPECIAL .......... 63

12 POSSO SER GIGANTE .......... 69

13 COMO É BOM PODER VOAR! .......... 75

14 EU VOU CRESCER .......... 81

15 UMA VISITA ESPECIAL .......... 87

16 E AGORA? .......... 93

# 1

# QUE DELÍCIA DE LUGAR

Imagina uma escola linda!

Não.

Acho que você não imaginou direitinho... Estou falando para imaginar uma escola muito, muito bonita mesmo!

Ela era assim! Uma escola muito legal! Com paredes claras, enfeitadas com pinturas de desenhos super coloridos, que enchiam os olhos de alegria!

Era uma escola não apenas limpa e organizada, mas também muito cheirosa! Um delicioso e suave perfume de limpeza se espalhava por cada cantinho dela. E quanta coisa interessante e curiosa havia ali!

As crianças eram super espertas, os professores animados, o lanche, humm... Uma delícia! E, claro, como não podia deixar de faltar, ali havia um parquinho muito legal para todo mundo brincar bastante.

No parque, o brinquedo preferido era um escorregador bem alto, daqueles que dá até medo de olhar para baixo quando estamos lá em cima. Você já foi a um escorregador bem alto assim?

Mas também havia os balanços, e eles eram deliciosos, e davam até um friozinho na barriga quando se ia de lá para cá...

Havia um tanque de areia bem branquinha e mais um montão de brinquedos que deixam qualquer criança super empolgada.

Mas havia algo muito especial naquela escola em um canto do pátio: um pequenino portão de madeira pintado com tinta azul clara,

que levava a um lugar muito delicioso, um belo e refrescante jardim. Mas não era um jardim comum, era um jardim simplesmente encantador.

Nesse jardim havia muitas árvores grandes; enormes mesmo. E elas eram bem verdinhas, e quando o vento soprava, balançava suas folhas de lá para cá, e de cá para lá... fazendo um barulhinho gostoso de se ouvir.

E o balançar das folhas fazia com que uma brisa fresca e suave soprasse em cada canto daquele jardim, e mesmo nas tardes mais quentes de verão, o clima naquele lugar era simplesmente delicioso!

Havia também árvores pequenas, daquelas que as crianças conseguem subir e ficar agarradas nos galhos, olhando o mundo lá de cima, sabe?! Se você for como eu, que gosta de subir em árvores, tenho certeza de que iria amar subir em algumas das árvores daquele jardim.

É uma pena saber que há muita criança hoje em dia que apesar de não ter nenhuma limitação física, não consegue subir em árvores! Não sabem o que estão perdendo... Porque subir em árvore é uma aventura deliciosa!

Se o papai, a mamãe ou o adulto que cuida de você concordar, você bem que podia tentar, né?! E se por alguma razão você não for capaz de fazer isso sozinho, peça a ele ou ela para te ajudar. Sim, peça a alguém para te colocar sentadinho (e bem agarrado, claro) em um galho de uma árvore, só para você curtir!

Mas se não der para subir, não há razão para se chatear, pois tenho certeza de que dá ao menos para ficar embaixo de uma árvore, e isso já é mais que especial! Que coisa deliciosa a sensação de liberdade! Afinal, estar ao ar livre faz bem para qualquer um, em especial para crianças curiosas e espertas!

Mas como estava dizendo, havia muitas árvores bem legais naquele jardim! Daquelas em que a gente gosta de subir e ficar sem fazer nada, só olhando lá de cima tudo que se passa em volta.

No jardim havia também muitas flores, e elas eram super perfumadas! E bem coloridas: amarelas, vermelhas, azuis, lilás, brancas, flores alaranjadas e rosadas; enfim, muitas e muitas cores mesmo. Não sei qual é sua cor preferida, mas com certeza você encontraria uma flor com a cor de sua preferência naquele jardim.

A grama era macia e muito gostosa de brincar, rolar e se jogar! Parecia um tapete aveludado, ou lembrava bastante o colchão da cama dos nossos pais, que eu não sei explicar por que, mas parece sempre muito mais gostoso que o da gente.

Quando a criançada começava a rolar sobre a grama, não queria mais parar. Elas não só rolavam, mas também corriam e pulavam; mas pulavam bem alto, daquele jeito que a gente pula quando está em cima de um sofá bem macio fazendo algazarra, dando cambalhotas e piruetas... sabe? Era exatamente assim que elas se divertiam naquele gramado enorme.

Em um cantinho separado havia também um pequeno pomar, e o cheiro de frutas da estação exalava um aroma suave e doce, que tomava conta de todo o lugar.

Havia mangas enormes, rosadas, tão suculentas e graúdas, capazes de fazer qualquer um ficar com a boca cheia de saliva só de olhar para elas.

As goiabas eram deliciosas, sadias, com a casca bem verdinha e o miolo vermelhinho. Os cajus simplesmente maravilhosos; carnudos, doces e cheios de caldo. As tangerinas, com suas cascas grossas e alaranjadas, escondiam gomos docinhos, que possuíam muito caldo e poucas sementes. Que delícia era aquele lugar! E que gostosura aquelas frutas! Por falar em fruta, qual é sua fruta favorita?

Mas voltando à nossa história, as crianças não brincavam no jardim todos os dias. Só em dias especiais, muito especiais mesmo. Era um lugar reservado, não se podia entrar lá a qualquer hora, pois o portão estava sempre bem fechado, trancado, travado, e vigiado pelos olhos cuidadosos da supervisora.

# 2

# AMIGÕES

E nessa escola tão especial havia um grupo de amigos que não se largavam. Eram três meninas e três meninos. As meninas eram mais velhas – Leleca, Ana e Eni –, e os meninos um pouquinho mais novos – João, Hugo e Otávio. Essas crianças simplesmente amavam ficar juntas e elas se divertiam muito na escola, afinal, escola apesar de ter algumas coisas difíceis, é sempre um lugar muito especial.

A maioria desses amigos estudava em salas diferentes, mas na hora do recreio eles não se desgrudavam. Aí era só alegria: brincavam de bola, pega-pega, esconde-esconde, faziam piqueniques.

Sim, eles juntavam o lanche que cada um havia levado para escola, colocavam tudo sobre uma pequena toalha xadrez e pronto, todos podiam comer um pedacinho do lanche do outro, e o momento de recreio virava uma gostosa festa. Eles não eram garotos egoístas. Você sabe o que é uma pessoa egoísta? É alguém que não gosta de dividir nada, que quer tudo só para si. Isso não é legal!

Mas aqueles garotos pensavam diferente. Eles sabiam dividir! E aprenderam que era muito mais divertido e gostoso dividir, compartilhar o que temos, que ficar sozinho em um canto comendo o próprio lanche!

Eles amavam também ficar batendo papo!

E pode ter certeza de que o assunto não acabava. Aliás, quando a gente gosta muito de alguém, a gente sempre tem uma história importante para contar para essa pessoa, pois tudo de bom que acontece, a gente lembra logo de dizer para essa pessoa, não é assim?

E da mesma forma, se algo ruim ou difícil nos acontece, é também para essa pessoa que a gente tanto gosta, que fazemos questão de contar tudinho. Não é verdade?

E se nosso melhor amigo estuda na mesma escola que a gente, é muito legal mesmo, pois quando nos acontece uma coisa bacana, como uma nota boa, um elogio do professor, ou ganhamos um estojo novo, a gente não precisa perder tempo, vai logo contando a novidade. Da mesma forma, quando alguém faz alguma coisa ruim conosco, a gente mais que depressa se lembra do amigo para dividir a dor.

Isso é importante e sadio. Precisamos ter muitos amigos e aprender a dividir com eles coisas boas e ruins. Não tem graça nenhuma viver sozinho, isolado, sem amigos. A gente tem que se esforçar para conviver bem com nossos amigos, pois eles são muito preciosos para nós.

E essa turminha de amigos, que estudava nessa escola, era toda de bons alunos! Faziam as tarefas direitinho, procuravam se comportar em sala de aula e evitavam ficar conversando enquanto a professora estava explicando alguma coisa!

Infelizmente, sabemos que tem gente que não fica calada um só minuto enquanto o professor está falando. E isso não é nada legal, pois além de se prejudicar, atrapalha também os colegas e o próprio professor.

Enfim, eles eram alunos normais, ou seja, crianças sérias que estudavam e se esforçavam em sala de aula, mas que também davam boas risadas quando alguma coisa engraçada acontecia; afinal, se a gente não der boas risadas enquanto estivermos estudando, aprendendo coisas novas, a vida se torna muito sem graça, não é?

Estudar ou aprender o que ainda não sabemos, mesmo que não seja algo muito fácil, não pode nunca deixar de ser especial e encantador. Aprender é tudo de bom!

E por saber disso, essa turminha não era daquele tipo de aluno que toda hora o professor, coordenador ou diretor precisava ficar chamando a atenção.

É incrível, mas tem gente que não se preocupa em ter um bom comportamento dentro da sala de aula, ou dentro da escola, tem criança que fica muito agitada, e isso também não é uma coisa boa, pois é chato a gente ficar o tempo todo ouvindo alguém chamando pelo nome da gente:

— Menino, fique quieto!

— Menina, para com isso!

— Garoto, preste atenção!

— Garota, não faz assim!

— Criança, cuidado!

— Guri, volte para o seu lugar!

— Guria, faça a tarefa!

Ai ai ai, que chatice que é isso! Cansa todo mundo, não é verdade?!

Mas aquelas crianças não tinham esse tipo de comportamento. Porém, apesar de muito responsáveis e estudiosas, nenhuma daquelas seis crianças estava querendo voltar para a escola.

# 3

# QUE TAL FUGIR?

Era difícil de entender, pois uma escola tão bonita... Por que será que nenhuma delas queria continuar estudando?

E elas estavam tão chateadas e tristes que Leleca teve uma ideia que agradou a todos:

— Que tal se a gente fugir?!

— Nossa! Que ideia maravilhosa! Acho que devemos mesmo fugir daqui. Não estou aguentando mais tudo que está acontecendo neste lugar – disse Eni decidida.

— Será que fugir não é algo perigoso? – perguntou Ana cheia de medo.

— Se é perigoso não sei, mas não podemos mais continuar vivendo essas coisas tão tristes e que nos têm feito sofrer tanto, tanto e tanto – disse Hugo, já com uma voz bem fraquinha, com um olhar sério, rosto triste e bem desanimado.

E João, que era muito corajoso, também falou decidido:

— Sim, não podemos sentir medo! Juntos a gente consegue fugir daqui.

Foi, então, que Otávio falou meio desconfiado:

— Não sei não... Será que isso vai dar certo? Acho essa ideia meio perigosa.

— Você é mesmo muito medroso, Otávio! – disse Leleca, já um pouco brava e olhando para ele com um jeito de quem não estava gostando nem um pouquinho do que ele acabara de dizer.

— Eu tenho uma ideia! – Eni gritou animada, com os olhos brilhando no meio da meninada e dizendo:

— Que tal se a gente fugir para o jardim?

— O jardim?! – perguntaram todos ao mesmo tempo.

— Sim, o jardim. O jardim encantado (esse era o apelido que muitos meninos davam para aquele lugar).

E Eni continuou a explicar sua ideia:

— Todos sabem que logo que atravessamos o jardim inteiro, existe, do outro lado, um portão que sai diretamente na rua, do lado oposto da escola. A gente podia fugir atravessando o jardim e sair pelo outro portão, onde não há ninguém vigiando; e com um pouquinho de sorte, a gente consegue passar por baixo dele com facilidade, pois há um grande vão embaixo, entre a grama e o portão, e somos todos bem magrinhos, só Leleca que nem tanto, mas...

Claro, Leleca olhou logo para Eni com uma cara de quem não gostou muito do comentário.

— Não sei se essa é uma boa ideia, pois você sabe que a diretora não permite que ninguém entre no jardim sem ser autorizado. Já pensou se ela descobre que estamos lá?! – questionou Ana já bem assustada.

— Mas essa é a única maneira da gente fugir daqui. Ou vocês querem continuar vivendo tudo isso que estamos passando aqui na escola?! – disse Hugo.

Todos ficaram em silêncio. Na verdade, eles não aguentavam mesmo continuar passando por tudo aquilo.

Mas, afinal, o que estaria acontecendo com aquela garotada que gostava de estudar, estavam todos em uma escola legal, tinham amigos que eram super bacanas, mas que só pensavam em fugir dali? Fugir por quê? O que estava deixando aquelas crianças tão tristes?

Você nem faz ideia do que estava acontecendo.

# 4

# AS MALDADES

É que já havia algum tempo, um grupo de meninos que estudava na escola começou a ter um comportamento muito estranho. Sabe o que eles faziam? Uma coisa muito triste e feia. Eles pegavam no pé de todo mundo.

Falavam mal de algum colega porque ele tinha arrancado dois dentes de uma vez. Aí, ficavam rindo da situação e fazendo piadinhas de mau gosto.

Muito triste! Só porque eles eram maiores e já tinham passado a fase de mudar os dentes, não significava que podiam ficar rindo de quem estava passando por aquele momento difícil.

Eles pegavam no pé de quem ainda não sabia ler corretamente, falavam que eles não eram inteligentes, que nunca iriam aprender.

E chegavam ao absurdo de colocar palavras difíceis na frente desses coleguinhas que ainda não estavam muito bons na leitura, e pedirem para que eles lessem essas palavras bem depressa, só porque sabiam que eles ainda tinham um pouco de dificuldade, afinal, estavam aprendendo...

Que maldade, né?

E se as crianças erravam alguma palavra na hora da leitura, eles caíam na risada e saíam dizendo para todo mundo ouvir:

— Eu não disse que esse garoto não sabia ler direito?! Coitado! Acho que ele não vai aprender nunca! Todo mundo dessa sala já sabe ler e só ele ainda não consegue.

Eles também criticavam o cabelo de alguns colegas, diziam que era duro, ou vermelho, ou espetado, ou arrepiado.

Riam do nariz de um, falavam mal da orelha do outro, criticavam a boca de alguém, apontavam para as bochechas de outro e caíam na risada. Diziam que uns eram muito baixinhos, e todo dia ficavam medindo e dizendo:

— Veja como você é baixinho! Sou beeeeem mais alto que você! Nossa, nem parece que você tem oito anos!

Quem tinha sardinhas sofria com as críticas. Quem era mais gordinho chegava até a chorar com a perseguição. Os que eram magrinhos ganhavam mil apelidos. Os que usavam óculos eram motivo de piadas. Enfim, tudo eles pegavam no pé: uma pequena verruga, uma pinta no rosto, uma mancha na pele, e até problemas de saúde eles não perdoavam. Tudo era motivo de falarem, de criticarem, de rirem...

Alguns até chegavam ao absurdo de agredirem fisicamente os colegas. Davam empurrões, furavam a fila da cantina e diziam que se reclamassem ou se contassem para alguém eles iriam fazer coisas piores contra eles. Enfim, havia muita coisa triste, muita maldade acontecendo ali. Coisas que antes não aconteciam...

E a escola, que além de bonitinha era um lugar tão legal e bacana, começou a se tornar um lugar de muita tristeza para muitas daquelas crianças.

E entre essas crianças que estavam sofrendo estavam aqueles amigos que queriam fugir.

O que eles não sabiam é que estavam sofrendo uma coisa que tem um nome complicado de escrever e até de dizer: "BULLYING", mas que é muito fácil de entender.

# 5

# BULLYING

Como muitos sabem, bullying é o nome que se dá para muitos tipos de maldades que são feitas contra uma pessoa. Críticas, agressões, ameaças que acontecem muitas vezes dentro da escola e que são feitas, principalmente, pelos colegas.

Quem faz isso talvez não tenha ideia de que atitudes assim machucam o outro colega e trazem muita tristeza para o coração dele.

Não é nada bonito ficar criticando os outros, falando do jeito que eles se vestem, da maneira como eles falam, às vezes rindo do sotaque ou de alguma palavra que não sabe pronunciar direito.

Alguns criticam o jeito de andar de um colega. Outros fazem comentários maldosos sobre as coisas que o coleguinha possui, como: mochila, material escolar, tênis, enfim, criticam tudo.

Isso, na verdade, é muito, muito feio mesmo. E além de causar dor em quem sofre as críticas, também afasta dos outros colegas a pessoa que pratica a maldade contra os amigos. Afinal, ninguém quer ficar perto de alguém que só sabe ficar criticando ou falando mal de todo mundo.

E se essa pessoa que pratica "bullying" não tomar muito cuidado e mudar urgente o seu jeito de ser, ou seja, se essa pessoa não aprender a conviver com as diferenças, ela vai acabar ficando sozinha, sem amigos, sem colegas, sem ninguém para brincar.

Nossa! Que horror, nem é bom imaginar isso. Já pensou não ter ninguém que queira brincar com a gente na hora do recreio? Que tristeza sem fim! Não dá nem para imaginar passar o período inteirinho em que estamos na escola sem ter um amigo que queira ficar ao nosso lado, por causa do nosso péssimo costume de só criticar ou fazer maldade para as pessoas.

Não! Isso é muito grave. "Brincar" desse jeito traz muito prejuízo para todo mundo. Só uma pessoa que não é nada esperta continua praticando essas coisas. Sem falar que isso é crime, e crime é sempre algo feio, grave e muito, muito triste mesmo.

E para completar, quem pratica qualquer tipo de crime pode ser punido. Que horror! Já pensou que vergonha a escola toda ficar sabendo que a gente está sendo punido por praticar o crime chamado "bullying"?! Por criticar o cabelo de alguém, ou a roupa que essa pessoa está usando, ou, talvez, por humilhar, tratar mal, desprezar ou ignorar (fazer de conta que não viu ou não conhece) uma pessoa?! Não, garotos espertos não fazem isso.

Crianças espertas não se divertem quando veem um coleguinha chorando, sofrendo alguma dor ou quando está envergonhado. O que crianças espertas fazem é bem diferente: elas observam as coisas boas que existem nos colegas e elogiam essas qualidades.

Elas elogiam quando uma menina vai com um laço novo e bonito no cabelo. Elas ficam felizes quando veem que um colega deu a resposta certa para a pergunta que a professora fez. Elas se alegram quando um amigo vem mostrar o tênis novo ou os lápis de cor novinhos que acabou de ganhar da vovó.

Enfim, crianças espertas não ficam a procura de defeitos nos coleguinhas ou criticando as coisas que esses colegas possuem. Não! Elas não fazem isso, bem ao contrário, crianças inteligentes e legais só querem saber do que é bom, e só querem fazer o bem.

Como é gostoso ficar perto de quem trata a gente com carinho! Como é bom ficar bem juntinho de quem não se importa com a cor de nossa pele, com nossas sardinhas, ou se nosso calçado já é bem velhinho.

Como é bom ter amigos que não estão nem aí para o tamanho do nosso pé; ou se temos uma verruguinha no corpo; ou que não se incomoda se a gente mora com os pais, ou com os avós, ou com os tios.

Como é gostoso conviver com amigos que não criticam a gente porque nossos pais não moram na mesma casa, ou até mesmo se nosso pai está desempregado há muito tempo...

Como é bom conviver com colegas que não se importam com essas coisas, mas que se preocupam mesmo em curtir nossa amizade e nosso carinho. Que delícia ter amigos desse jeito!!!!

Meninos e meninas realmente espertos não gastam seu tempo observando se o colega é magro ou gordo, rico ou pobre, se mora em uma casa linda ou não; não ficam se preocupando se tem cabelos lisos ou encaracolados, se vai para a escola em um carro bonito, ou chega até lá usando transporte público, ou mesmo caminhando...

Amigos legais são aqueles que não ficam observando se a gente tem muitos brinquedos caros ou se quase não temos brinquedo nenhum. Gente inteligente não fica observando essas coisas ou tratando de forma diferente as pessoas por causa das coisas que elas possuem ou não.

Gente esperta, muito esperta mesmo, quer ficar perto é de pessoas inteligentes, educadas, bondosas, divertidas, animadas, sem se preocupar com a aparência dessas pessoas. Gente esperta quer mesmo é ser feliz, quer se divertir, quer aproveitar a vida.

# 6

## LARGA DO MEU PÉ!

Só que, como eu disse, naquela escola havia um grupinho que não estava nem um pouco preocupado em cuidar bem dos coleguinhas. E era esse grupinho que estava pegando no pé daqueles amigos, falando mal do cabelo da Ana e rindo dela porque diziam que ela era muito chorona.

Eles ficavam tirando onda do nome de Leleca e colocando mil apelidos nela. Ficavam criticando Eni por ser a mais baixinha da turma; e riam do João por ser muito alto para a idade que ele tinha, e ele, coitado, por causa desses comentários, ficava sempre tentando se esconder; ficavam dando gargalhadas por causa dos dentes desalinhados do Hugo; e humilhando o pequeno Otávio porque (não se sabe como) haviam descoberto que ele fazia xixi na cama.

Era tanta perseguição que as crianças tinham até medo de passarem perto daqueles garotos, pois eles, além de serem maiores, pareciam bem mais fortes e muito corajosos. Na verdade, a maioria das crianças da escola tinha medo deles.

Por tudo isso, elas, que antes amavam a escola, agora não sentiam mais alegria lá, pois bastava encontrar com qualquer um daqueles meninos para começarem as chateações. Por isso eles queriam fugir.

Que bobagem! Essas crianças precisavam aprender algo muito importante. Temos que contar para o papai, ou para a mamãe, ou para alguém de nossa confiança, como o vovô, a vovó ou a titia, quando coisas assim estiverem acontecendo com a gente. Não podemos nos calar, não podemos deixar ninguém ficar rindo da gente ou das coisas que possuímos.

Podemos e devemos contar para a professora quando um coleguinha está nos tratando com falta de respeito, quando está nos ameaçando ou nos obrigando a fazer algo que não gostaríamos. A professora com certeza vai ajudar.

Não podemos ficar sofrendo calados. Não podemos apenas dizer que não gostamos mais da escola, ou que não queremos mais estudar naquele lugar. Não, isso não. Temos que contar tudinho. Temos que ter coragem e dizer que estamos sofrendo porque alguém fez piada e riu da gente, ou de alguma coisa que nos pertence. Se formos corajosos e contarmos tudo, alguém irá nos ajudar, esteja certo disso.

Porém, ninguém havia falado isso para aquelas crianças, e elas, ao invés de contarem para a professora, ou para o papai e a mamãe, tentaram resolver o problema sozinhas, por isso fizeram o plano da fuga.

Eni, apesar de pequenininha, era muito esperta e já tinha observado que de vez em quando o jardineiro que limpava o belo jardim, deixava o pequeno portão sem o cadeado enquanto ia fazer seu serviço. Então, ela disse:

— A gente fica vigiando o portão durante o recreio, e se ele estiver mesmo sem o cadeado, na hora que tocar o sinal e as crianças saírem todas correndo cada uma para sua sala, a gente, mais que depressa, corre em direção ao portão e entra escondido no jardim.

— Boa ideia! – disse Leleca, animadíssima. E ainda completou: – Vamos ficar aqui por perto, como quem não quer nada.

Então eles pediram ao Otávio, talvez por ser o mais novinho e, por isso, provavelmente não chamaria tanta a atenção, que fosse até o portão verificar se estava ou não com o cadeado.

Ele, muito esperto, para ter uma boa desculpa, pegou uma bola e chutou em direção ao portão, e fingindo que ia pegar a bola, olhou com cuidado se o portão estava ou não trancado.

Veio correndo trazer a notícia. Disse baixinho e com os olhos arregalados:

— Está sem o cadeado.

— Ai, meu Deus! – exclamou Ana, já pálida de medo.

Foi quando Hugo, olhando cheio de dor para o prédio da escola, disse:

— Não temos outra opção. Precisamos sair desse sofrimento, dessa prisão, dessa perseguição, desse momento trágico que estamos vivendo, dessa...

— Tudo bem, Hugo. Chega de falar e vamos agir. Eu sei que a situação é complicada, mas ficar reclamando não vai ajudar – interrompeu Leleca mais uma vez, sem muita paciência.

Os olhos de Otávio pareciam que ia saltar.

Não sei como, mas Ana conseguiu ficar ainda mais branca do que já era. Como ela estava com medo!

Hugo suspirava suspiros profundos!

Eni estava super ligada, de olho na oportunidade.

João sentia-se cheio de pique e pensava: "Agora é hora de usar, com toda força, essas pernas compridas que tenho".

E Leleca, apesar de estar sentindo um pouco de medo, preferiu disfarçar, pois era a mais velha da turma e se sentia meio responsável por todos eles. Assim, ela juntou coragem e disse:

— Atenção, gente! O sinal está quase tocando. Fiquem preparados, pois no momento em que a criançada começar a correr, a gente foge em direção ao portão e o atravessa como um raio, ok?

Todos concordaram.

# 7

# A FUGA

O coração batia forte no peito de cada um deles.

Você já sentiu seu coração bater bem forte dentro de você quando alguma coisa muito importante estava para acontecer? Se a sua resposta for "sim", então você sabe exatamente como essas crianças estavam se sentindo.

Era preciso coragem. Mas no fundo, no fundo, eles sabiam que não estavam fazendo a coisa certa, pois fugir nunca foi solução para qualquer problema.

A melhor coisa que podemos fazer quando estamos vivendo alguma dificuldade é enfrentá-la com coragem. Mesmo que estejamos muito assustados ou com um medo muito grande dentro de nós, fugir não é a melhor solução.

Precisamos aprender encarar as coisas que nos deixam com medo. Às vezes, é bem difícil, mas não podemos fugir. Temos que lutar contra o medo que sentimos quando temos uma prova muito complicada na escola (de matemática então...).

Precisamos aprender a vencer o medo que vem quando estamos sozinhos no nosso quarto e está tudo escuro. Às vezes, é um medo tão grande, mas tão grande, que sentimos até calafrios ao ouvimos algum barulho estranho do lado de fora da janela, quando estamos deitados, sem conseguir pegar no sono.

É preciso também vencer o medo que toma conta da gente quando queremos contar algo para nosso pai ou mãe, ou para a pessoa que cuida da gente, e sabemos que talvez ele ou ela não vai gostar.

Enfim, crianças e adultos precisam aprender a lutar contra o medo!

Mas naquele momento, aquelas crianças pareciam ter se esquecido disso, e ao invés de lutarem contra o medo que sentiam dos colegas que estavam praticando "bullying", resolveram fugir. Que pena... se contassem para um adulto, elas certamente teriam encontrado ajuda...

Finalmente, o sinal toca. E começa a correria. Era menino correndo para o banheiro; outros atrasadinhos indo em direção à cantina para as compras de última hora; outros aproveitando os últimos segundo de recreio para pular, gritar ou contar mais uma coisa importantíssima para o colega; e outros voltando para a sala de aula.

Enfim, você sabe muito bem como é a correria que há no pátio de uma escola quando toca o sinal avisando o fim do recreio. Não preciso ficar aqui explicando essas coisas, pois tenho certeza de que disso você entende muito bem.

E aproveitando toda essa confusão, as crianças partiram em disparada, na direção do pequeno portão azul. Correram, e correram muito. Leleca foi na frente, para abrir o portão, mas antes mesmo que o abrisse por completo, Hugo já passou correndo, e logo em seguida todos começaram a se empurrar e querer entrar ao mesmo tempo. Tudo aconteceu tão rápido e de forma tão desajeitada, que as crianças começaram a atropelar umas as outras.

Ana, coitada, chegou até a ficar esmagada em um tombão que levaram, e começou a chorar, mas Leleca disse que não era hora para lágrimas; aquele era momento de correr, de correr muito, e fez com que a garota "engolisse" o choro imediatamente, pois qualquer barulho podia chamar a atenção, e as coisas ficariam mais complicadas ainda.

Em questão de segundos, Leleca fechou o portão de volta. A paz e o silêncio do jardim não combinavam com o barulho e a gritaria das crianças do outro lado do portão.

Porém, de repente, tudo foi se acalmando. As crianças na escola silenciando e se acomodando cada uma em sua própria sala, até que, finalmente, o silêncio chegou. E junto com ele uma sensação de vitória e medo tomava conta daquelas seis crianças dentro daquele maravilhoso jardim.

Ao mesmo tempo em que as crianças se sentiam livres, sentiam-se completamente presas. Estavam livres dos meninos e meninas que as estavam perseguindo, praticando "bullying" contra elas, humilhando e maltratando cada uma. Porém estavam presas na culpa de estarem fazendo algo errado. Como disse, fugir não é algo legal, e aquelas crianças sabiam muito bem disso.

Enquanto elas se entreolhavam, ainda com o coração acelerado, Eni suava frio, pobrezinha... Algo totalmente inesperado aconteceu. Algo surpreendente e assustador.

# 8

# A GRANDE SURPRESA

Em um canto bem guardado daquele jardim havia um pequeno zoológico com alguns animais que a escola usava para ensinar os alunos, de forma prática, quando estavam aprendendo sobre a vida animal.

Sabe aquelas matérias que falam sobre animais vertebrados, invertebrados, carnívoros, herbívoros, ovíparos, répteis, aves, animais domésticos e selvagens?! Bom, quando a criançada estudava sobre esses assuntos, os professores as levava lá.

As crianças haviam se esquecido disso. Pior, elas não sabiam que o grande motivo para o portão do jardim estar sempre trancado era porque quando não havia visitantes ali, os animais ficavam soltos. Isso mesmo! Todos os animais soltos.

E para piorar a situação, elas logo perceberam que havia ali, não se sabe como, outros animais que elas nem imaginavam. Deve ser por isso que o jardim era conhecido por "jardim encantado".

Quando aqueles meninos perceberam que estavam no jardim junto com todos aqueles animais, eles quase desmaiaram. A princípio ficaram paralisados, não sabiam o que fazer. Imagine só que agonia, que medo, que horror!

Foi quando Leleca gritou bem alto:

— Salve-se quem puder!

Aí foi uma loucura sem fim. Era criança correndo para tudo quanto é lado, cada uma tentando achar o melhor lugar para se esconder, para fugir dos animais e não ser notada por nenhum deles.

Se você estivesse ali, no lugar daquelas crianças, onde seria o lugar que você procuraria para se esconder?

Ana, a essa hora, olhava para todos os lados, procurando um bom esconderijo e, claro, já estava aos prantos. A única coisa que ela conseguia dizer era:

— Eu quero a minha mãe!

Hugo, totalmente atordoado, não parava de repetir:

— Ai, meu Deus! Como somos azarados! Que tristeza! Que dor! Que angústia! Que problema! Por que fomos entrar por aquele portão? Por que entramos aqui? Por que fomos fazer isso?

Enquanto Otávio, com os olhos mais que arregalados, dizia, cheio de razão:

— Eu sabia que isso não ia dar certo. Eu avisei. Eu disse. Eu sabia que esse plano era muito perigoso. Eu sabia que não era uma boa ideia arriscar tanto...

Eni, tremendo sem parar, com olhos bem atentos, procurava com muito cuidado um bom lugar para se esconder. No fundo, ela estava se sentindo um pouco culpada, afinal, a "boa ideia" de fugir pelo jardim havia sido dela, mas preferiu não dar o braço a torcer. Ficou quieta, pois acreditava que, no final, ainda podia acabar tudo bem.

Coitado! A valentia e a coragem que João demonstrava haviam desaparecido por completo. O garoto estava completamente pálido!

E Leleca estava se sentindo muito mal, afinal, ela era a mais velha da turma, por isso, sentia-se responsável pelos amigos. Sem falar que no momento em que ela começou a correr para se esconder, notou que todos estavam muito assustados, e a pequena Ana já estava em prantos, soluçando e enxugando as lágrimas grossas que lhe corriam pelo rosto...

Nessa hora, Leleca quase entrou em desespero. Queria ajudar, mas não sabia como. Que difícil!

E agora? O que iria acontecer com eles naquele lugar?

O silêncio mais uma vez tomou conta de tudo. As crianças se esconderam cada uma em um canto diferente do jardim e ficaram as mais quietas possível. A única coisa que se ouvia de vez em quando era uns soluços de Ana que, claro, continuava a chorar...

Foi, então, que algo extraordinário aconteceu!

# 9

## SURPRESA MAIOR

Você não vai nem acreditar, mas quando Leleca estava bem encolhidinha atrás de uma grande pedra e umas folhagens enormes, ela começou a ouvir um barulho. Parecia alguém assoviando para chamar a atenção. Mas ela, tremendo de medo, não ousava se mexer. Só que o barulho não parava. Quando ela, enfim, criou coragem para olhar o que era, pensou que estivesse sonhando.

O que ela viu foi simplesmente inacreditável!

Uma pequena "tartaruga" em pé, apoiada nas duas patas traseiras, encostada em um tronco de árvore, com uma das "mãos" na cintura, sorrindo para ela.

Por um instante ela pensou que fosse desmaiar, mas aguentou firme. Até que o pequeno animal perguntou com voz clara:

— Por que você está se escondendo?

Ela não sabia se respondia ou se fugia. Porém o sorriso que o animalzinho estampou no rosto e a maneira carinhosa que piscou para ela a encheu de coragem para responder a pergunta dele.

Ainda gaguejando, disse:

— Estou fugindo dos animais do jardim.

— Desculpe, senhorita, mas não consigo entender... Se está fugindo dos animais do jardim, por que então veio parar justo dentro do jardim? – perguntou o animal.

— Na verdade, eu comecei fugindo de um monte de meninos que vivem me perseguindo na escola, mas depois que entrei no jardim e percebi que os animais estavam todos soltos, comecei a fugir deles também. E para ser bem sincera, agora estou louca para fugir de você e desse pesadelo que estou vivendo, pois não pode ser realidade eu estar conversando com um animal.

— Nossa, parece que ultimamente sua vida é só fugir! Não deve ser fácil ter que viver fugindo de tanta coisa... – disse o animal com um semblante cheio de interrogação. E continuou dizendo:

— Não sei dos seus outros problemas, mas quanto aos animais deste jardim você não precisa se preocupar. Não precisa fugir de nenhum deles só porque falam, pois este é um lugar encantado!

Leleca arregalou os olhos.

— Sim, disse a "Tartaruga". Quando estamos livres de nossas jaulas, tudo se transforma. Então podemos falar e ser entendidos.

— Eu devo estar sonhando... – disse Leleca meio tonta.

— Não é sonho, acredite! Ou você vai me dizer que nunca ouviu ninguém falar que este é um jardim encantado?

É claro que Leleca já havia ouvido muitos dizerem isso, mas ela não imaginava que fosse tão encantado assim. Ela, então, respondeu:

— Sim. Eu já ouvi muitos chamarem este lugar de jardim encantado.

— Então pequena menina, não tenha medo! Sente-se aí e conte para este amigo o que está acontecendo do outro lado do muro, que fez você sentir vontade de fugir.

E a senhora Tartaruga continuou dizendo:

— O que a gente ouve falar do lado de cá do muro é que escola é uma das coisas mais legais que existe no mundo. A gente fica daqui ouvido a gritaria das crianças, a algazarra que fazem durante o recreio e ficamos louquinhos para ir para lá também. Por que, então, você e seus amigos desejam fugir de lá? Não consigo entender.

— Como disse, tem uma turminha de meninos que tem perseguido a gente, não tem nos dado sossego. Pega no nosso pé, nos ameaça, critica, e isso tem roubado nossa alegria na escola. Há muito tempo não sentimos nem vontade de vir para cá, pois antes de sair de casa já sabemos que quando chegarmos aqui, aqueles meninos vão logo começar a nos perturbar...

— Sério? E o que eles fizeram contra você?

— Entre muitas coisas, ficam criticando o meu nome, colocando apelidos em mim.

— Como é seu nome?

— Leleca. Esse é meu nome.

— Só que eles me chamam de peteca, meleca, cueca, lambreca e até de perereca. E dão a maior risada...

— Eu te entendo muito bem, garotinha!

— Não entende não – disse a menina já com jeito de quem estava segurando o choro. Você não sabe o que é ter um nome que todo mundo fica fazendo piadinhas...

— Claro que sei. Sei muito bem.

— Não sabe não.

— Leleca, você sabe qual é o meu nome? – perguntou o animalzinho.

A menina olhou assustada e disse:

— Sim, você é a tartaruga.

— Não. Você está enganada, eu não sou uma tartaruga, sou um Cágado.

Eu sei que você que está lendo este livro é uma criança inteligente, mas talvez você não saiba que cágado é um animal muito parecido com a tartaruga. Para quem não entende muito bem é difícil perceber a diferença. É como se o cágado fosse primo da tartaruga, entende?!

E ele, então, continuou falando com Leleca. E disse:

— Cágado. Esse é o meu nome.

— Cagado?

— Ops! Cuidado, garotinha! Cuidado! Cágado. Não se esqueça do acento agudo. Meu nome é uma proparoxítona. Não sei se você já estudou isso, mas se não estudou, logo, logo vai estudar. Então saberá que toda proparoxítona é acentuada.

— Mas eu pensei que você fosse uma tartaruga – disse a menina meio desapontada.

— É o que a maioria das pessoas pensa. Agora, com esse nome, imagina o tanto de zoação preciso suportar entre a bicharada.

Nessa hora, o pequeno Cágado estampou um olhar sério... e continuou dizendo:

— Todos riem do meu nome, todos fazem piadas, e eu já sofri muito por isso, até o dia em que aprendi algo muito especial.

Leleca se ajeitou na grama, pois ficou muito interessada na conversa; aliás, ela até já tinha se esquecido que estava falando com um animal. E perguntou:

— O que você aprendeu? Diga-me.

— Eu aprendi que para os olhos da maioria dos seres vivos, no mundo animal existem nomes bonitos, como Leopardo, Cisne, Libélula etc. Existem também os nomes fortes, que lembram poder e coragem, como Leão, Urso, Touro, Tubarão. Há, ainda, os nomes elegantes como Lagosta, Tigresa (rima com nobreza) e Coala. Há nomes simples e fáceis de pronunciar, como Gato, Pato, Rato... E nomes complicados, como Crocodilo, Tarântula, Rinoceronte, Orangotango, Ornitorrinco...

— Porém há algo muito interessante e que nem todos sabem; uma verdade que pode fazer toda diferença.

— O quê?

— Cada um desses nomes nasceu no coração do Grande Jardineiro!

— Grande Jardineiro? – pergunta Leleca meio confusa.

— Sim, você nunca ouviu falar sobre ele? Na verdade, o nome dele é Eussou.

— Nossa! Que nome mais estranho.

— Sim. Parece estranho mesmo (rsrsrsrs). Isso é para você ver que não estamos sozinhos (rsrsrsrs). Tem muito nome considerado estranho por aí.

Naquele momento, foi inevitável os dois não caírem em uma boa gargalhada.

— Porém, pequena Leleca, lembre-se que o que nos é estranho hoje pode se tornar perfeitamente normal depois que nos familiarizamos.

E o Cágado continuou:

— Eussou é o verdadeiro jardineiro deste jardim. É ele quem cuida deste lugar e controla tudo que acontece aqui. Ele conhece cada palmo deste lugar. Ele vê tudo, sabe tudo, ouve tudo... Ele é o grande jardineiro! E não somente conhece todas as espécies de sementes, mas é também capaz de cuidar de cada uma delas, e tem, ainda, o incrível e único poder de fazê-las florescer e frutificar.

— Eussou é também um incomparável adestrador.

— Adestrador? – pergunta Leleca curiosa.

— Sim. Ele consegue adestrar qualquer tipo de fera. Até aquelas mais duras, rebeldes, bravas e aparentemente indomáveis se tornam mansas, submissas e obedientes sob o seu comando.

— Uau! – disse Leleca maravilhada.

— Sim, o Eussou é aquele que cuida de todos os animais! Ele dá vida, alimento, abrigo para todos eles. Ele os protege e dá também muita alegria para cada um. E o mais importante é que ele conhece e ama os donos de cada nome, sejam esses nomes considerados de bom gosto ou não.

E após dar uma pequena pausa, ele continuou:

— Nós, os animais, temos um grande adestrador, Leleca. Nós temos o Eussou. E ele nos ama e cuida da gente, independente do nome que recebemos. Para ele o mais importante é o que somos e não o nome que um dia recebemos.

— Nossa... Não tinha pensado nisso – disse a menina já meio sem graça...

— Eu também levei muito tempo para entender que o que vai fazer nosso nome soar de forma bonita aos ouvidos das pessoas não são somente as sílabas que formam a palavra, mas é saber o que as pessoas sentem quando ouvem aquele nome.

— Como assim?

— Vou me explicar melhor. O importante mesmo é saber o que as pessoas pensam ou sentem quando ouvem o nome de alguém. Será que elas sentem admiração? Respeito? Carinho? Alegria?

— Se as pessoas sentirem coisas boas quando ouvirem seu nome, Leleca, isso significa que você possui um nome bonito e especial. Mas se sentirem coisas ruins, ainda que seu nome (para muitos) pareça lindo e nobre, ele, na verdade, não é tão belo assim.

— Você está dizendo que o importante não é nome que possuímos, mas como a pessoa que possui o nome se comporta?

— Sim! Parabéns! Você entendeu tudinho! Garota esperta, muito esperta!

E ele continuou:

— E o melhor de tudo isso é que quando a gente se preocupa mais com nossas atitudes do que com o nosso nome, a gente deixa de se chatear com as críticas e piadinhas que os outros fazem.

Leleca ficou maravilhada. Ela nunca havia pensado nisso antes. E naquele momento, parecia que os garotos e garotas que ficavam fazendo piadinhas com o nome dela haviam se tornado tão bobinhos...

Uma alegria muito grande tomou conta do coração dela. E, de repente, o nome que possuía, e que em muitos momentos tanto a incomodara, parecia totalmente normal...

Mas me deixe dizer o que estava acontecendo do outro lado do jardim no exato momento em que Leleca aprendia tanta coisa legal com seu novo amigo Cágado.

# 10

## ELE ESTÁ ME VENDO...

Você não faz nem ideia, mas Hugo estava deixando um bando de esquilos em grandes apuros. É que ele, na correria para se esconder dos animais, subiu em uma grande árvore, pois pensou que seria o melhor lugar para fugir dos animais.

Só que logo que apareceu uma família de esquilos e perguntou se ele precisava de ajuda, não deu outra, o menino desmaiou e despencou lá de cima. Foi um horror!

Sorte que caiu bem em cima de um arbusto macio e depois rolou pela grama fofa.

Os esquilos já tinham feito de tudo para que o garoto voltasse do desmaio: já haviam batido de leve no rosto dele, já haviam jogado um pouco de água fria no corpo do garoto, já haviam chamado mais uns colegas para ajudar e nada.

Na verdade, os esquilinhos já estavam cansados de tentar fazer o menino voltar do terrível desmaio. Mas nada parecia funcionar. Uma preocupação enorme tomava conta do ambiente...

Até que uns minutos depois, Hugo começou a gemer:

— Ai, ai, ai... Acho que me quebrei todo. Ai, ai, ai... Nunca mais vou conseguir me levantar! Ai, meu Deus! Ai, ai, ai! Por favor, alguém me ajuda! Ai de mim! Ai gente! Ai, ai!

Pouco a pouco, ele foi se acalmando, mas ao ouvir a voz de um dos esquilos perguntando se ele estava se sentindo melhor, foi outro desmaio!

Os bichinhos não sabiam mais o que fazer.

Só muito tempo depois (na verdade, depois do terceiro desmaio) é que conseguiram acalmá-lo e conversar com Hugo civilizadamente.

Foi quando um esquilo perguntou:

— Não entendi direito, mas foi porque os meninos faziam piadas a seu respeito que você estava fugindo da escola?

— Sim. Foi por isso – respondeu Hugo, com um olhar bastante triste!

— Que tipo de piadas?

— Muitas, muitas coisas tristes fizeram contra mim. Não gosto nem de lembrar. Na verdade, há muito tempo tenho vivido muitas coisas difíceis! Tenho sofrido muito com as coisas que aqueles meninos fazem...

Os esquilos já estavam ficando impacientes com tanta falação, afinal, eles queriam mesmo era saber o motivo que o havia feito fugir da escola, mas Hugo não parava de se lamentar...

— Vocês não fazem ideia o quanto aqueles colegas da escola são maldosos. Eles me humilham... riem de mim... vivo em grande sofrimento...

Os animaizinhos esperaram pacientes, até que ele disse:

— Eu me sinto muito envergonhado com tudo o que aqueles meninos sem coração dizem a respeito dos meus dentes. Não suporto mais tanta crueldade!

— O que eles dizem?

— Um monte de coisas horríveis!

— Que coisas?

Hugo, então, responde:

— Desculpem eu dizer, acho que vocês não vão gostar, mas eles me colocam apelidos feios, humilhantes...

— Diga logo rapaz – falou um esquilo mais velho, já sem paciência.

— Eles me chamam de esquilo, de rato, de coelho, de castor, enfim, de toda espécie de roedores.

Silêncio total.

Até que um deles teve coragem de perguntar:

— E onde está o problema?

— Vocês me desculpem, mas o problema é que esses animais são simplesmente horríveis.

— Horríveis?!

Hugo cria coragem e desabafa:

— Sim. Não os animais em si, mas os dentes deles. Os dentes são horríveis! São enormes, desproporcionais ao tamanho da boca ou do rosto. Enfim, são feios!

Mais uma vez, um grande silêncio tomou conta de tudo. Até que outro perguntou:

— Explica melhor. Você acha esses animais feios ou acha os dentes deles feios?

E Hugo respondeu:

— Para ser bem sincero, os animaizinhos acho muito bonitinhos. O problema são os dentes mesmos.

Foi quando alguém resmungou:

— Dente dá para consertar, rapaz! Que bobagem! Não vale a pena sofrer por essas coisas!

Hugo pensou por um instante e disse:

— É... Você até que tem razão. Eu conheço um monte de meninos e meninas que tinham os dentes bem feinhos, mas depois consertaram e ficaram lindos.

E o esquilo ainda completou:

— Você não pode esquecer também, garoto, que existe uma idade em que os dentes da gente estão mudando, e aí é possível encontrar dentes de tudo quanto é tamanho na boca, o que, na verdade, não é muito bonito. Mas um dia essa fase vai passar e tudo vai ficar bem.

Outro esquilo gritou:

— É verdade! A gente muda muito. É só ter paciência. Olha o exemplo das nossas amigas borboletas. Quem diria que um lagarto tão sem graça (para não dizer feinho) se transformaria em algo tão lindo e especial?! Há esperança!

Nessa hora, um dos esquilos, notando o quanto Hugo estava se preocupando com o que as pessoas pensavam a respeito da aparência dele, teve uma ideia e, tentando ajudar, disse para todo mundo ouvir:

— Será que não seria melhor esse menino bater um papo com alguém da família da dona Coruja? Aquele povo é muito bem resolvido. Todos eles estão sempre com a autoestima muito alta.

Criança, talvez você ainda não saiba o que é "autoestima". Vou tentar explicar.

Quando queremos saber como está nossa aparência, se nossos cabelos estão bem arrumados; nossas roupas estão limpas; se nossa boca não está suja de chocolate; ou coisas parecidas; nós olhamos no espelho e ele nos mostra exatamente como está nossa imagem, não é?

A autoestima é como se fosse um grande espelho invisível, em que só a própria pessoa consegue se enxergar. E esse "espelho" mostra como a gente se vê não apenas fisicamente, mas ele mostra também como a gente enxerga nossas habilidades e até nossos defeitos.

Se a gente gosta do jeito que nos vemos nesse espelho invisível, as pessoas dizem que temos uma boa autoestima. Mas se a gente só consegue enxergar um monte de defeitos nessa nossa imagem que aparece nesse espelho invisível, e ficamos achando que não há nada de bonito, legal ou interessante na gente, as pessoas dizem que a gente tem uma autoestima baixa.

E, geralmente, quem tem a autoestima baixa é uma pessoa insegura. Por isso, quer sempre que tudo nela esteja perfeito, porque pensa que ela só terá valor se tiver uma aparência sem nenhum mínimo "defeito". E aí fica comparando os seus cabelos com os cabelos dos colegas; a sua altura com a altura dos amigos; a sua habilidade para praticar algum esporte, com o jeito do outro jogar; ou compara as notas que consegue na prova com as notas dos colegas... E, assim, estão sempre sofrendo, porque não é legal ficar fazendo comparações...

Há também pessoas com a autoestima baixa que se preocupam muito em possuir coisas consideradas valiosas, coisas que podem ser compradas com dinheiro, sabe? Isso é muito triste, porque uma pessoa, para ser legal, não precisa ter muitas coisas. Aliás, nem todos que têm muito dinheiro, ou muitas coisas, como brinquedos, jogos, roupas e tênis, são pessoas legais!

Enfim, pessoas com baixa autoestima estão sempre se comparando com outras, sem conseguir entender que cada um tem sua beleza particular, seus pontos fortes e também seus pontos fracos.

Quem tem a autoestima baixa é uma pessoa que ainda não conseguiu entender que não dá para ser perfeito, ou ser bom em tudo...

Espero que você tenha entendido direitinho...

E espero também que, apesar de criança, você já tenha uma autoestima bem alta! Afinal, a vida fica mais leve e menos complicada quando nos enxergamos assim no nosso espelho invisível.

Mas voltando a nossa história...

Foi, então, que um esquilo mais experiente disse a Hugo:

— Garoto, não gaste sua energia se preocupado tanto com o que as pessoas pensam de sua aparência, porque a gente nunca vai conseguir agradar a todos.

E continuou:

— Um dia, quando era mais jovem e imaturo, e me preocupava excessivamente com minha aparência, ouvi do Eussou, o grande jardineiro e adestrador deste lugar, algo muito importante. Ele disse, em primeiro lugar, que eu não deveria me preocupar tanto com o meu exterior, pois aquilo que eu era hoje não era o meu retrato final. Eu não entendi bem, até que Ele pegou um grande álbum de fotografias e começou a mostrar minhas diferentes fases na vida. E disse: "Note, Sr. Esquilo, que um dia você teve a pele sem rugas; em outro momento, teve pelos fartos e brilhantes; depois, parecia meio desajeitado; houve fases em que era muito magro; outras em que estava bem gordinho; em alguns momentos você estava cheio de vigor, em outros parecia meio cansado ou abatido...".

Depois de uma pausa, o esquilo disse:

— E o Eussou ainda me disse mais! Ele disse assim: "Enfim, quero que note que nossa aparência está em constante mudança. E isso é muito bom! Isso significa que estamos bem vivos. Pois só um ser que já morreu para de se modificar. Vivos se transformam, engordam, emagrecem, crescem, envelhecem, mudam a cor dos pelos; e para a opinião de alguns, quando notam que estão se tornando mais envelhecidos, dizem que estão ficando feios... Mas não é assim que enxergo. Na verdade, não me preocupo nem um pouco com a aparência. Meus olhos enxergam sempre o interior. É dentro de cada ser que enxergo a verdadeira beleza. É no coração de cada um que está o que, de fato, o torna belo. O jeito de falar, a maneira de olhar, a forma de tocar, o estilo de se comportar, enfim, toda a beleza que está no coração não fica guardada dentro dele. Ela sai de lá por meio de gestos e atitudes... E é isso que torna um ser irresistivelmente lindo!".

E o esquilo, de cabeça baixa, falou:

— E o Eussou ainda me disse algo que nunca mais esqueci e que modificou a minha vida para sempre: "Querido Esquilo! Preocupe-se em ter um coração lindo, porque fazendo isso você será eternamente belo. E mesmo depois que morrer, sua beleza ainda vai continuar impressionando e inspirando muita gente, por meio das lembranças de suas atitudes do passado".

— Confesso que fiquei envergonhado, pois vi que estava vivendo muito preocupado apenas com minha aparência... – declarou o velho Esquilo. E olhando para Hugo, disse:

— Garoto! Não se preocupe com o que essas crianças estão falando de você ou de sua aparência! Do alto das árvores do jardim conseguimos enxergar muito do que acontece do lado de lá do muro da escola. E, muitas vezes, o Eussou nos convida a passar horas observando você.

Nesse momento, Hugo levou um tremendo susto.

E o Esquilo continuou, dizendo:

— Sim! O Eussou gosta de nos mostrar o quanto você é um dos garotos mais belos que existe lá. Ele faz isso para nos inspirar a desejarmos ser cada dia mais belos também!

Hugo olhou cheio de surpresa para o esquilo, enquanto ele disse:

— Garoto, você é companheiro, bondoso, honesto, amigo e muito sensível às dores e necessidades das outras crianças.

— Eussou não somente viu, mas também nos mostrou o dia em que você dividiu o lanche com aquele coleguinha que não tinha o que comer no recreio.

Nessa hora, outro esquilo falou aos gritos:

— É verdade! E vocês se lembram do dia em que Eussou nos mostrou que ele prontamente emprestou o estojo de lápis de cor novinhos para aquela menina que havia esquecido os dela em casa? Nossa! A gente achou aquilo muito legal!

— Sim, Hugo, temos aprendido com você a disposição e o grande prazer que sente em presentear seus coleguinhas com pirulitos grandes, belos e coloridos. Enfim, sua beleza tem nos encantado...

— Mas eu nunca imaginei que alguém estivesse me observando – disse Hugo.

— Sim. Isso é o que a maioria das pessoas pensa, que não estão sendo observadas – disse o esquilo. Mas Eussou as vê o tempo todo, em todos os lugares, em cada situação. Ele contempla cada pequeno gesto, cada atitude, cada mínima ação...

Lágrimas de alegria corriam do rosto do garoto... E tudo aquilo que aqueles meninos maldosos da escola falavam sobre ele parecia insignificante e sem o mínimo valor.

A certeza de que Eussou o via, apreciava e aprovava o que ele fazia, encheu-o de uma coragem incomum.

Ele entendeu de forma muito clara que o que pensavam e comentavam sobre a aparência dele nunca poderia ser mais importante do que o que viam em suas atitudes.

# 11

## EU SOU ESPECIAL

Soluços, muitos soluços, e lágrimas grossas corriam pelo rosto de Ana. A pobrezinha estava totalmente encolhida, deitada embaixo de uma folhagem. Mas algo estranho estava acontecendo, porque ela, ao mesmo tempo em que chorava, também sorria, chegava até a dar gargalhadas (mas, ainda assim, as lágrimas continuavam correndo).

Vou te dizer o que estava de fato acontecendo.

É que ao mesmo tempo em que Leleca estava batendo papo com o Cágado,e Hugo com os esquilos, um enorme Canguru havia se aproximado de Ana. Não é preciso nem dizer o quanto ela chorou ao ver o animal chegando cada vez mais perto dela.

Só que como o jardim era encantado, o Canguru também era falante. Muito carinhoso, foi logo tentando acalmar a menina, que nessa hora já tremia de pavor e medo.

— Fique longe de mim! – ela gritava – Saia daqui! Deixe-me em paz! – dizia aos berros.

— Calma, pequenina! Calma! Não lhe vou fazer nenhum mal!

E depois de acalmá-la, ele também descobriu que, além de outras coisas, o grande motivo que a tinha levado a fugir da escola eram as piadinhas que aquelas crianças maldosas faziam, ao dizerem que ela era uma menina muito chorona.

— Mas por que você chora tanto? – perguntou ele, carinhosamente.

Ela, meio envergonhada, disse bem baixinho:

— É que quando estou na escola sinto muita saudade de casa; especialmente da mamãe e do papai. – E, claro, nessa hora ela novamente começou a chorar.

— Entendo você.

— Entende?

— Sim. Entendo muito bem. Já fui muito criticado pelos meus amigos animais, e até mesmo pelos seres humanos, por ser muito grudado em minha mãe. Enquanto os outros filhotes estão loucos para sair por aí, para correr para bem longe e brincar com os amigos (até dormir na casa deles), eu só encontro alegria perfeita quando estou bem grudadinho na mamãe.

E o Canguru continuou dizendo com um olhar cheio de carinho:

— Eu amo o colinho quente que ela tem. Gosto do cheirinho dela, da maneira como me abraça e me beija. Gosto das brincadeiras que brinca comigo, das histórias que conta pra mim, gosto do jeito como ela me olha e gosto muito das coisas que ela me ensina.

E suspirando bem forte disse:

— Ai... Como é bom ficar juntinho da minha mamãe! – Uma lágrima escorreu no rosto peludo do Canguru.

— É exatamente assim que me sinto! – disse Ana, já usando um pequenino lenço que tinha e enxugando as lágrimas do pobre animal...

E bastante entusiasmada falou:

— Enfim, encontrei alguém que me entende!

E ela perguntou:

— E você não se importa com o que os outros dizem a seu respeito?

O Canguru olha nos olhos da menina e responde com segurança:

O Jardim Encantado

— Já me importei bastante, até que aprendi algo valioso com o Eussou, que é o grande jardineiro deste lugar. Não sei se você sabe, mas nós, os animais, temos um adestrador maravilhoso para nos auxiliar nas coisas mais difíceis.

— Verdade?! Que interessante! Mas o que aprendeu com ele?

— Aprendi que somos todos muito diferentes e sempre que nos esquecemos disso e desejamos ser iguais aos outros, nós sofremos.

— Como assim? – perguntou Ana intrigada.

— Assim como outros por aí, em muitos momentos eu não queria ser como sou... Chorão, sensível, carente, sentimental. Eu queria mesmo era ser forte, como o Búfalo, ou engraçado, como o Macaco, mas eu nunca conseguia segurar o choro e aí... tudo ficava ainda pior...

E depois de mais uma vez Ana enxugar a lágrima que corria no rosto peludo, ele disse:

— Foi, então, que o Eussou me encontrou em um canto do jardim, em uma tarde chuvosa em que eu estava muito triste, desanimado, envergonhado por mais uma vez ter chorado na frente de todo mundo. Eu não consigo explicar o motivo, mas nunca gostei de ficar longe da mamãe quando está chovendo...

— Então, nesse dia chuvoso, Ele se aproximou de mansinho, passou as mãos carinhosamente sobre minha cabeça e deu um beijo bem quentinho no meu focinho. Ficou ali um pouquinho, em total silêncio. Depois, perguntou baixinho: "O que foi, pequeno?". E eu respondi soluçando: "Todo mundo fica rindo de mim. Meus colegas pegam no meu pé porque não consigo controlar minhas lágrimas. Eu estou muito, muito triste! Eu quero minha mãe! (buaaaaaaa...)". Então ele disse: "Chora, meu precioso Canguru! Chora o quanto desejar! Aqui do meu lado não precisa ter vergonha! Pertinho de mim nem um mal vai te alcançar".

E o Canguru continuou a contar:

— Ele disse carinhosamente essas palavras para mim. E eu chorei muito. Coloquei todas as minhas lágrimas para fora (ou quase todas). Enquanto isso o Eussou ia me acariciando em seu colo quente e dizendo: "Que coisa mais linda! Que maravilha! Você é exatamente o que sonhei! Era alguém tão sensível e delicado assim, que havia imaginado quando te formei. Você é tudo que meu coração planejou!". De repente, parei de chorar assustado e perguntei: "Então eu não sou um grande desastre?". E o Eussou me respondeu: "Claro que não! Você é apenas parte preciosa da minha grande criação. Não deixe ninguém dizer que você é fraco só porque não se comporta como a maioria. Você é único e especial! Eu fiz você assim, e você só será realmente lindo se for exatamente como eu planejei que fosse".

Ana estava muito emocionada com as palavras do amigo Canguru, por isso ela não sabia se ria ou se chorava, e encolhidinha embaixo daquela folhagem, viu cada um de seus medos ir embora para bem longe.

Ela nunca havia pensado assim antes.

Ela, na verdade, era diferente de muitos coleguinhas. Era, sim, mais sensível, e sentia vontade de chorar com mais facilidade. E ela também entendeu que não tinha nada de errado sentir mais saudade da mamãe ou do papai enquanto estava na escola, e às vezes até ficar com um pouquinho de vontade de chorar por causa disso...

Enfim, nada disso era errado... Ela só era diferente. Mas, ainda assim, ela era especial, muito especial!

E uma alegria gostosa tomou conta do coração dela naquele momento. Ficou tão emocionada que, claro, começou a chorar...

# 12

## POSSO SER GIGANTE

Não muito longe dali, Eni também estava tendo uma boa conversa (com um animal falante, claro).

Era o Pônei, que estava falando sem parar. Não sabemos ao certo como essa conversa começou; mas escute só o que ele estava dizendo para ela.

— Não, garotinha, você não é pior que todo mundo só porque é a menorzinha da turma. Não, isso não é verdade. Esqueça todos aqueles garotos que ficam pegando no seu pé, dizendo bobagens a seu respeito.

E continuou animado:

— Olhe para mim! Por muito tempo eu vivi como você. Triste, chateado, querendo ser um cavalo bem grande e elegante. Queria ter pernas compridas, saltar longas distâncias, queria ser famoso, muito famoso mesmo. Queria que as pessoas olhassem para mim e admirassem minha força, meus músculos e minha beleza... Sim, durante muito tempo eu sofri e chorei, querendo tudo isso.

E o Pônei abaixou a cabeça e completou:

— Eu queria que as pessoas ficassem encantadas só de olhar para mim, para minha aparência. Só que não era isso que acontecia... E eu ficava muito triste, ficava triste demais. Eu chegava até a murmurar: "Por que será que o Eussou me fez tão pequenininho? Por que não me fez diferente? Por que todo mundo é maior que eu? Por que Ele não me fez só um pouquinho maior? Por quê?". E isso roubava toda a minha alegria. Eu achava que todo mundo era mais bonito, mais importante e mais valioso do que eu.

E o Pônei continuou dizendo:

— Um dia, quando estávamos em um parque de diversão, fui impedido de brincar em um brinquedo por não ter altura suficiente. A turma toda riu de mim. Foi muito triste, pois havia uns que eram até mais novos que eu e puderam brincar (porque eram mais altos) e eu fui impedido. Saí correndo para um lugar isolado, para ninguém me ver chorar. Estava muito chateado. Que vergonha! Que humilhação! Que coisa mais sem graça é ser baixinho, pensava eu. Mas de repente, uma menininha linda, assim como você, aproximou-se de mim e disse bem alto, para todos ouvirem: "Que lindo Pônei! Que coisa mais fofa! Queria ele pra mim!". E no mesmo instante, um monte de crianças começou a se aproximar. Todas concordaram com a menina e diziam animadas: "Uau! Como ele é delicado! Como é bonito! E como é mansinho!". Algumas, inclusive, se aproximaram ainda mais e começaram a passar as mãos em meus pêlos. E diziam: "Nossa, que pelo macio! Que delícia ficar acariciando ele!".

E o Pônei continuou contando a história todo animado:

— Eu mal podia acreditar no que estava ouvindo e vendo. Em poucos minutos, eu estava completamente rodeado por muitas e muitas crianças. E todas elas estavam encantadas, dizendo só coisas bonitas a meu respeito. Coisas que eu não conseguia enxergar, pois havia muito tempo eu só tinha olhos para ver o que os outros tinham de bom e me esquecia de olhar para minha própria beleza.

O Pônei tomou fôlego e continuou:

— Foi então que o dono do parque resolveu tomar uma decisão. A partir daquele dia, todas as tardes de domingo eu iria para o parque com ele, para alegrar a criançada. Eu seria uma das principais atrações! Confesso que fiquei com medo, pois, no fundo, eu não acreditava que pudesse fazer sucesso, afinal... eu não era um cavalo grande, forte, bonito, elegante e que chamava a atenção pela altura. Eu era bem diferente de tudo isso... Eu era baixinho, o mais baixinho de todos. Como é que o dono do parque poderia pensar que eu seria o mais especial?

— Mas eu estava enganado. Para minha surpresa, eu me tornei um verdadeiro sucesso. As crianças me amavam, os pais ficavam encantados com minha doçura, os visitantes admiravam meu jeito carinhoso de ser, enfim, eu fazia a alegria de todos! Fotos, muitas fotos eles tiravam! Virei estrela! Fiquei famoso! Eu me tornei alguém querido! Nem parecia verdade!

E parecendo se recordar com muita alegria, o Pônei disse:

— Foi, então, que em uma dessas tardes, ouvi do dono do parque algo muito especial. Ele disse: "Eussou estava certo quando me aconselhou a trazer você para trabalhar aqui no parque. Ele estava certo quando disse que você era mais do que especial!".

O Pônei, então, contou para Eni, que ele ficou sem palavras ao saber que quem o havia indicado para trabalhar no parque havia sido o Eussou. Ele achou que tinha sido uma coincidência, ou que tivesse sido o seu jeito maroto que tinha conquistado as pessoas.

O Pônei contou que nesse dia ele voltou para casa pensativo e, no caminho, adivinha quem foi ao seu encontro para uma conversa especial? Sim, o Eussou. Ele se aproximou bem de mansinho (geralmente é assim que Eussou gosta de se aproximar, beeeem de mansinho...), e logo que chegou perto do Pônei, já era possível sentir o calor da sua doce presença. E seguiu-se o seguinte diálogo entre eles:

— Grande Pônei! Tudo bem?

— Sim, tudo bem.

— Está feliz?

— Sim, estou.

— Está surpreso?

—Sim, estou.

— Por que está surpreso?

— Por várias razões: primeiro, porque não esperava que alguém fosse ver algo belo em mim. Segundo, por não pensar que fosse capaz de fazer sucesso em alguma coisa e, principalmente, por saber que foi o Senhor quem arranjou tudo para mim.

— Sim, fui eu.

— Por que fez isso?

— Por várias razões: primeiro, porque sempre vi muitas coisas belas em você. Segundo, porque sempre soube que você era capaz de fazer muito sucesso em tudo que desejasse realizar e, principalmente, por saber que você é minha criação e eu vou sempre ter muito prazer em dar tudo de bom para sua vida.

E Eussou continuou:

— Eu fiz você assim porque eu sabia que o mundo precisava de alguém exatamente do seu jeito. Não podia ser diferente, tinha de ser assim: baixinho, delicado, charmoso, dócil, encantador, cativante, único e especial!

Nesse momento, diante de tantos elogios verdadeiros, o pequeno Pônei não pôde conter uma risadinha sem graça, afinal, quem não se derrete diante de tantas palavras cativantes?!

— Eu criei você assim! Eu sei o quanto o seu valor é alto! Eu sei o quanto você é forte! Eu vejo todos os dias as coisas grandes que você faz. Só eu sei o quanto você é grande! Não queira nunca ser outra criatura. Eu fiz você! Eu sabia o que queria e o que estava fazendo quando criei cada pedacinho do seu corpo! Você não é um plano que não deu certo! Você foi cuidadosamente sonhado no meu coração. Eu queria você assim, porque sem esse seu jeito único, minha criação não estaria completa. Você é parte importante! Você é cheio de valor!

Eussou, olhou para o Pônei da cabeça aos pés, como quem admira uma extraordinária obra-prima e disse com muita certeza:

— Você é lindo, muito lindo! Extraordinariamente lindo! Eu estava, de fato, muito inspirado quando criei você!

— E você deve se preocupar para que tudo que for fazer seja também cheio de beleza, e isso é que realmente importa. Não me preocupo com aparência, com altura ou coisas assim. Eu me preocupo com você, e para mim, você é perfeito! Um gigante de bondade, um gigante de amor, um gigante de coragem.

E ele ainda completou:

— Continue vivendo e fazendo coisas grandes. Não olhe para a sua altura ou para a sua aparência, apenas continue fazendo coisas grandes e eu estarei com você.

Uau! Eni suspirou ao ouvir essas palavras. E disse:

— Que coisa linda! É verdade, Eussou tem razão. Você é lindo!

E o Pônei respondeu:

— Sim, ele sempre tem razão, eu sou lindo e você também, garotinha! Chega de chorar e lamentar por sua aparência! Esqueça tudo que esses colegas maldosos estão dizendo a seu respeito. Não fuja. Enfrente com coragem cada um deles. E faça coisas grandes.

E ele ainda completou:

— Oh, Eni, siga o exemplo de nossas amigas formiguinhas, que são pequenas, porém fortes. Quase não são notadas, mas além de viverem unidas (garanto que elas não praticam "bullying"), são exemplo de trabalho e dedicação.

A pequena Eni, ou melhor, a gigante Eni ficou maravilhada com tudo que ouviu! Ela se sentia enorme! Grande! Muito grande!

Mas onde estava João?

# 13

# COMO É BOM PODER VOAR!

Nessa instante, era João que já tinha saindo detrás de uma das árvores mais altas e mais grossas do jardim, já que ele se sentia muito grande... E não sabemos explicar como, já estava batendo papo com nada mais, nada menos, que uma enorme girafa.

Ele falava para ela do seu desconforto em se sentir mais alto que todos os outros coleguinhas... E da tristeza que sentia de tanta gente ficar falando para ele o tempo todo: "Nossa! Que menino grande!". "Uau! Olha o tamanho dessas pernas!"; "Puxa vida! Será que esse menino não vai parar de crescer?"; "Nossa! Pensei que ele fosse bem mais velho!".

— Enfim, d. Girafa, eu não aguento mais...

Foi quando ela respondeu, muito descontraída:

— Oh, garotão! Eu entendo você perfeitamente. No passado já fui assim. Cheia de complexos, traumas e tiques nervosos... Sofri pra caramba por conta desse meu pescoço, que eu não sei por que, muitos insistiam em dizer que era exageradamente grande... Mas agora estou de boa! E faço questão de exibir o melhor de mim. O que tenho de diferente!

João logo percebeu que o que ela dizia era mesmo verdade, ao observar que ela usava, no longo pescoço, colares feitos com flores do próprio jardim.

E ela continuou dizendo:

— Não acho que deveria se sentir tão mal, afinal, há muitas vantagens em ser grande. E tenho aprendido que muitos que nos criticam, gostariam, na verdade, de ser como a gente. Fica esperto

garotão! Tem uma galera por aí que nos critica por pura inveja! Não se deixe enganar! Eussou, o jardineiro do pedaço, me disse isso um dia, e Ele estava super certo! Ele tem uns conselhos muito top! E foi super gente fina comigo! Na boa! Posso te dizer? Desencana! Aproveite seu "visu" diferentão e curta a vida de montão!

Ela deu um beijinho em sua própria barriga (já que com aquele pescoço isso não era uma tarefa difícil), sacudiu a cabeça de um lado para o outro, deu uma super gargalhada e gritou:

— Eu sou o máximo!

Nessa hora, João percebeu que havia mesmo muita sabedoria e verdade no que a Girafa estava falando, e já se sentindo bem à vontade com a nova companheira, resolveu abrir o coração. Ele disse:

— Tem mais uma coisinha... Não são só as brincadeiras de mau gosto que eles fazem por causa da minha altura que me deixam triste.

— O que mais? – perguntou a girafa, abaixando o grande pescoço para bem pertinho do rosto de João, que nessa hora pôde sentir o delicioso perfume de flores que saía dos extravagantes colares que ela estava usando.

— A verdade é que eu me sinto humilhado no meio da minha turma. Afinal, muitos deles já fizeram coisas incríveis! Eu nunca fiz nada diferente. Acho que na tentativa de sempre me esconder, para não chamar a atenção para mim, fui deixando as oportunidades passar... E minha vida parece tão comum... Nem uma viagem realmente legal eu fiz... Nunca fui para um lugar muito, muito longe... E meus colegas vivem indo para um monte de lugar super diferente. Alguns vão até para outros países, sabia? Enquanto isso eu...

E nessa hora, ele abaixou a cabeça e disse, desconsolado:

— Eu queria tanto conhecer outros lugares lindos, queria tanto voar para bem longe...

E falando baixinho disse:

— Vou te falar um segredo: eu nunca nem andei de avião, acredita? E muitos dos meus colegas dizem: "Puxa vida! Um garoto desse tamanho e nunca andou de avião...".

E, bem chateado, suspirou profundo e disse:

— Por que esse tipo de coisa boa não acontece comigo também?

Nessa instante, quem se aproximou foi um Galo forte e imponente, que disse a João:

— Desculpe me intrometer, garoto, mas não pude deixar de ouvir sua conversa com a Girafa. Deixe-me contar minha experiência:

— Sou uma ave como todas as outras. Tenho asas fortes, penas enormes, porém nunca voei. Passo todas as estações de minha vida no mesmo lugar. Não sou como os meus amigos Patos Silvestres, ou como as queridas Andorinhas, que batem asas a cada nova estação, e mudam de cidades, estados e até de países...

E ele continuou:

— Por muito tempo me senti triste por não ter os mesmos privilégios. Por muito tempo não me conformava em ter que passar todas as estações no mesmo lugar. Eu queria tanto voar, eu queria tanto ir para bem longe! Eu queria tanto ser como as outras aves! Mas sabe, garoto, depois de uma boa conversa com o Eussou, em um dos dias que estava muito chateado, ao ver todas as aves partindo animadas para mais uma grande aventura de verão, e eu mais uma vez ficando... Foi quando aprendi que existem muitas maneiras de voar.

O Galo suspirou um pouco e disse:

— Eussou me ensinou que muita coisa depende da gente. Ele disse que o mais importante não é o nosso corpo estar viajando (voando). Ele disse que o mais importante mesmo é a gente fazer nosso nome, ou nossas atitudes, voarem. Sim, o que fazemos e realizamos pode alcançar lugares distantes.

E o galo continuou:

— Mas eu disse ao Eussou que não estava entendendo muito bem, então ele me explicou direitinho. Ele falou que quando a gente faz coisas de grande valor, quando temos atitudes admiráveis, essas coisas têm o poder de se espalharem e de irem para bem longe. Dessa forma, de alguma maneira, a gente também está indo (voando para longe), junto com nossas atitudes.

João prestava muita atenção ao que o Galo dizia, e ele se animou e deu continuidade à sua história:

— E o Eussou me disse algo sensacional. Veja o que Ele me contou: "Querido Galo, muito, muito longe daqui existe um grupo enorme de animais que te admira e respeita. Eles sabem do seu bom comportamento, sabem que você é um Galo muito bom e honesto. Sempre que eles querem dar um bom exemplo de alguém que não tem preguiça, eles usam o seu nome, pois você é o primeiro a acordar todas as manhãs. Ainda está escuro e você já está de pé, e o que é melhor, você já acorda cantando".

— E eu perguntei a Ele: "Mas como pode ser isso, se nunca saí daqui?". E Ele me responde: "As Andorinhas, elas contaram todas essas coisas boas para os animais que estão lá do outro lado do mundo. Você não voou, Sr. Galo, mas seu bom comportamento voou com elas, e isso é o que, de fato, importa".

E o Galo, batendo com as asas nas costas de João, como se estivesse lhe dando tapinhas, disse:

— Depois daquele dia, meu amigo, nunca mais tive coragem de reclamar. E tenho caprichado ainda mais nas minhas atitudes, pois quero que a fama do meu bom comportamento e da minha alegria continue "voando" longe, cada vez mais longe.

João ficou muito pensativo naquele momento, ouvindo tudo com muita atenção. Parecia que o Eussou tinha mesmo razão.

E a Girafa, com aquele pescoço comprido, maior que o pescoço de todos os outros animais, sorriu e disse:

— João, na vida não dá pra ter tudo! Uns conseguem alcançar os lugares mais altos; outros podem voar longe; outros encontram com facilidade um espaço em que só cabe eles e mais ninguém; uns são fortes, outros delicados, enfim... somos diferentes! E é muito mais feliz quem aprende a viver essa diferença sem ficar se comparando. Desencana, cara!

E continuou dizendo:

— Na boa! Não se incomode com os comentários a seu respeito! Aprenda a desfrutar dos privilégios e vantagens de ser exatamente como você é, e você vai viver melhor. Pode crer!

# 14

## EU VOU CRESCER

Enquanto isso, o que se via bem no centro do jardim era o pequeno Otávio, todo animado, sentado no meio de uma roda cheinha de filhotes de animais: tinha cachorrinhos bem peludos, gatinhos bem dengosos, patinhos amarelinhos, burricos, e até um filhotinho de urso polar (como ele era branquinho!).

De longe não dava para ouvir o que eles estavam falando, mas via-se que de vez em quando alguém enxugava uma lágrima. Porém, minutos depois, todos caíam em uma risada só. Depois se abraçavam e se consolavam...

Sabe o que estava acontecendo?

Otávio acabou tendo de contar para eles o motivo de estar ali, tentando fugir da escola. E todos nós sabemos o que mais incomodava Otávio quando era criticado pelos colegas, lembra? (isso mesmo, o xixi na cama).

Como eram todos filhotes, provavelmente a maioria tivesse também aquele tipo de problema durante a noite. Afinal, isso é muito natural, e com o tempo vai passando, vai diminuindo, diminuindo, até a pessoa nunca mais fazer xixi na cama.

É provável que o que os filhotes tenham dito para o Otávio é que precisamos ter paciência com certas coisas que acontecem com a gente. Como você já ouviu aqui, cada pessoa é de um jeito e não é porque talvez nosso irmão mais novo não faça mais xixi na cama que a gente é pior que ele. Isso não é verdade!

Um dia tudo vai passar. Isso, sim, é verdade!

E pelo pouco que deu para ouvir, os filhotes estavam dando algumas dicas para Otávio. Vejo o que eles diziam:

— Sabe o que eu faço para ajudar? – disse o filhote de Urso Polar, todo animado. — Eu não fico tomando muito líquido antes de ir para a cama...

— E eu sempre vou ao banheiro antes de me deitar – gritou o cachorrinho!

— E eu não fico mais com preguiça, e às vezes até com medo, de ir ao banheiro no meio da noite, quando acordo de madrugada e no escuro, morrendo de vontade de fazer xixi – confessou o Gato dengoso. Claro, ele agora estava se sentindo muito orgulhoso de sua coragem!

— Sim! A mamãe disse que logo, logo tudo isso vai passar e que eu não preciso ficar com vergonha. Ela falou que tudo isso é muito normal e que a maioria das crianças vive esse tipo de problema – completou o filhote de Elefante, que ainda compartilhou:

— Agora, já tem um bom tempo que mamãe não precisa mais usar aquelas fraudas enormes em mim!

— E a minha mãe disse também que eu sou lindo e especial, mesmo que às vezes eu faça xixi na cama – concluiu o filhote de Coruja até com o "peito" estufado para frente, enquanto fazia essa curiosa revelação!

Enfim, cada filhote tinha uma dica legal para dar ao Otávio! E todos falavam sem parar! Uma barulhada só! (rsrsrs).

Até que o Potrinho gritou bem alto:

— É como o Eussou sempre diz pra gente: "Tenham paciência, meus queridos! Um dia tudo isso vai ficar no passado!".

Só sei que o papo foi longo e animado e Otávio já não estava mais com aquele olhar triste e cheio de vergonha. Ele estava era muito feliz. E decidiu:

— Ao invés de ficar com vergonha de coisas que acontecem na vida de gente pequena, vou mesmo é aproveitar para fazer coisas que só gente pequena pode fazer! E uma dessas coisas é uma boa algazarra no chão!

E começou a rolar de lá para cá com a bicharada, não se importando de se sujar, de dar altas gargalhadas, de gritar, de pular, de virar de ponta a cabeça, dar cambalhotas, fazer caretas, fazer cócegas uns nos outros... enfim, de fazer tudo que gente pequena pode e deve fazer para ser feliz!

Ele estava visivelmente alegre. Ele e todas as outras crianças, que agora iam se aproximando umas das outras, juntamente com os animais.

Leleca vinha assentada, toda sorridente, em cima do casco do Cágado, que a carregava com muuuuuita paciência. Era uma cena até engraçada, pois o Cágado era pequeninho (mas bem forte), e se a gente não observasse bem, parecia até que Leleca estava deslizando sobre a grama verde.

E eu tenho certeza de que você nem imagina onde Ana estava nessa hora. Acredite se puder, ela estava dentro da bolsa do Canguru. E ela sorria e gritava:

— Que delícia! Que quentinho que é aqui dentro! Parece o colo da mamãe!

Eni, com um sorriso enorme, vinha mostrando todos os dentes, montada no lombo do Pônei. E o Pônei estava caprichando naquele momento, pois não andava de qualquer maneira, mas marchava de forma muito elegante. A cena ficou tão linda que Eni parecia até uma grande rainha montada em seu mais belo cavalo real.

Hugo, muito bondoso, estava carregando uns cinco filhotes de esquilo ao mesmo tempo. Só que eles não ficavam quietos, corriam pelo corpo dele de cá para lá. Era muito engraçado de ver... Um tentava se assentar no topo da cabeça dele e parecia um chapéu de pêlos; e no mesmo momento em que outro estava no braço esquerdo de Hugo, corria para o braço direito; um esquilo bem pequenininho descia pelas suas pernas, enquanto outro subia pelo seu pescoço, passando o rabo peludo perto do nariz de Hugo, fazendo-o espirrar com as cosquinhas que sentia (rsrsrsrs).

# O Jardim Encantado

Enfim, ele quase não conseguia andar com tanta festa que os esquilos estavam fazendo com ele.

Susto mesmo todos levaram ao verem João chegar (voando) sendo carregado por um bando de andorinhas. Que delícia! Elas faziam cada coisa gostosa no ar com o menino que ele não conseguia parar de rir e gritar, é claro.

As andorinhas subiam, desciam, viravam para a direita e para a esquerda, tudo bem rápido, mas bem rápido mesmo. Não sei se você já andou em uma montanha-russa bem grande e veloz, mas a sensação que João tinha e o frio na barriga que surgia a cada manobra que as aves faziam era exatamente a mesma.

Todos se ajuntaram ali, no centro do jardim, onde já estava o pequeno Otávio com os filhotes da bicharada. Ele agora estava deitado, todo encolhido, no ninho de um filhote de Avestruz. Na verdade, as crianças caíram em uma risada só a hora que viram que Otávio estava usando na cabeça (como capacete) um grande pedaço da casca do ovo de avestruz.

Ficou mesmo bem engraçado! Parecia um capacete, mas um capacete muito diferente!

Depois de rirem e se divertirem com a alegria do reencontro, pouco a pouco o silêncio começou a tomar conta do lugar. Naquele momento ninguém disse nada, mas nem era preciso dizer. Estavam todos muito felizes e completamente maravilhados com tudo que estavam vivendo.

Só que era preciso tomar uma decisão. Cada uma das crianças sabia que elas não podiam ficar ali para sempre. E só havia dois caminhos a seguir: ou continuavam a fuga, passando pelo portão que dava na rua dos fundos do jardim, ou voltavam pelo mesmo portão azul que haviam entrado momentos antes, que os levaria de volta para a escola.

Que decisão difícil! O que as crianças deveriam fazer?

# 15

## UMA VISITA ESPECIAL

Naquele instante, um vento suave e quente começou a soprar e, de repente, os animais ficaram todos muito atentos, como se estivessem esperando que alguma coisa muito especial fosse acontecer. Era possível notar que muitos deles estavam também bem animados. E todos, absolutamente todos, pareciam muito felizes.

Alguém logo disse:

— Oba! Chegou o melhor momento do dia!

Logo, era possível ouvir dezenas de vozes concordando e falando ao mesmo tempo:

— É verdade!

— Que delícia!

— O melhor momento do dia!

— Viva!

— Iupeee!

As crianças, a princípio, não entenderam, mas logo viram o motivo de tanta alegria entre a bicharada.

É que em toda parte do jardim, começou-se a ouvir uma voz, a princípio baixa, quase um sussurro, depois foi ficando cada vez mais forte, até quase parecer um forte trovão. Mas não era um trovão que assustava, era como se fosse um trovão que trazia segurança, força, coragem. E essa voz dizia coisas assim:

— Lembrem-se, mais importante que um bonito nome é ter um comportamento bonito...

Edleia Lopes

— Não queira ser outra pessoa. Você é exatamente como sonhei...

— Quem faz coisas grandes se tornará grande como um gigante...

— Coisas difíceis também chegam ao fim...

— Vocês estão crescendo. Sejam corajosos e tenham paciência...

— Não se esqueçam... Eu estou com vocês...

— Contem sempre comigo...

— É possível voar...

— É muito bom ver vocês darem boas risadas! Riam bastante! Deem sempre grandes gargalhadas!

— Não percam tempo lamentando ou reclamando de tudo...

— Vocês são muito preciosos!

— Como vocês são lindos!

— Como eu amo vocês!

Essas e muitas outras coisas belas eram ouvidas pelos animais, e todos eles ficavam bem quietinhos, prestando toda a atenção possível. Alguns chegavam até mesmo a fechar os olhos para sentir o som daquelas doces palavras entrando pelos seus ouvidos, porque elas pareciam atingir o coração deles...

Era a voz do Eussou, que aparecia todos os dias no jardim para falar com os animais e não deixar que eles se esquecessem nunca que eram de fato muito amados e especiais.

Ele nunca os abandonava, estava sempre presente e passava um tempão ali, falando sobre as qualidades de cada um. Ele sabia muito bem das diferenças que possuíam, e justamente por serem tão diferentes é que Ele os achava tão incríveis!

Eussou sempre gostou das diferenças. Ele sempre entendeu que quanto mais coisas diferentes juntas, mais bonito tudo fica.

Vou explicar melhor. É como se você fosse fazer um desenho bem bonito, uma paisagem com muitas árvores, flores, montanhas, nuvens, sol, cachoeiras, peixinhos, pássaros e tudo mais, mas para fazer esse desenho só pudesse usar uma única cor de lápis. Certamente, o desenho ficaria sem graça. Não ficaria muito bom. Porém, garanto que quanto mais lápis colorido você usasse, mais belo e encantador o desenho ficaria, não é verdade?

É mais ou menos assim que o Eussou enxerga as diferenças. Elas fazem o mundo ficar mais belo. E ele procurava ensinar isso para sua criação. Por isso aparecia todos os dias no jardim.

Quando a gente aprende a conviver com as diferenças que existem entre nós e as outras pessoas, a vida fica mais bonita, mais colorida e mais fácil.

Enfim, os animais amavam aquele momento, pois era a hora que ouviam do Eussou sobre o grande valor que cada um deles tinha. E o mais legal é que podiam também compartilhar com ele tudo que tinham vivido durante o dia.

Às vezes contavam para Ele coisas novas que haviam aprendido e de alegrias que haviam vivido.

Mas em muitos momentos, os pequenos animais também aproveitavam aquela hora para dizerem das tristezas que haviam experimentado durante o dia, pois todos sabemos que a vida da gente tem dias bem legais, mas às vezes há dias muito difíceis, não é?

Alguns contavam para Ele das dificuldades que estavam enfrentando na escola; ou da tristeza que estavam tendo em casa com os pais, que não paravam de brigar; ou da dor que estavam vivendo por não poderem brincar junto com o irmão mais velho, que agora só queria brincar com o amigo (pena, mas muitos irmãos mais velhos costumam fazer isso...); outros falavam da saudade que sentiam de alguém querido e que estava longe, como a vovó, ou o papai, ou uma tia, ou até mesmo um irmãozinho; e outros contavam até dos medos secretos que carregavam no coração.

Enfim, contavam tudo, tudinho mesmo, para Eussou! E Ele sentia a maior alegria em ouvir cada história, cada dor, cada necessidade...

Ele os ouvia pacientemente, e depois os animais ficavam bem quietinhos, com os ouvidos bem atentos, para ouvir o que Ele iria dizer a eles.

E Ele sempre tinha uma palavra especial para cada um. Um consolo para os tristes. Um carinho para o carente. Ou, às vezes, animava os desanimados, contando uma história cheia de exemplos, sobre a vida de outros animais que também haviam passado pelas mesmas dificuldades no passado e que o tinham procurado e ouvido suas palavras cheias de vida; tinham confiado nele e tinham sido ajudados.

Resumindo: os animais encontravam em Eussou tudo que o coração deles necessitava! Eles sabiam disso e tinham grande prazer e alegria em encontrar com Ele todos os dias. Eles entendiam que a presença do Eussou em suas vidas era a coisa mais importante que possuíam. E aqueles encontros com Ele eram o precioso segredo para eles permanecerem realmente vivos.

Eles sabiam que nenhuma brincadeira legal, nenhuma diversão incrível, nenhuma coisa bem gostosa que experimentassem, nenhuma pessoa importante que conhecessem, nenhuma atividade nova ou radical que praticassem, nenhuma viagem maravilhosa, enfim, por mais empolgante ou divertido que tudo isso fosse, nada poderia dar a eles a verdadeira alegria que o Eussou era capaz de dar.

A alegria que vinha dele era diferente! Única!

# 16

## E AGORA?

Depois de ver e ouvir tudo aquilo, as crianças ficaram paralisadas e maravilhadas!

E dentro delas surgiu uma grande certeza: elas não podiam mais fugir. Essa não era a melhor solução.

Precisavam encarar as diferenças com mais coragem. Era preciso, inclusive, aprender a conviver com aqueles garotos e garotas que as perseguiam.

Não precisou dizer uma única palavra. As crianças simplesmente se entreolharam, pegaram nas mãos umas das outras e começaram a andar em direção ao pequenino portão azul que levava de volta à escola.

Elas sabiam que ao sair daquele maravilhoso jardim, a vida seria diferente, muito mais difícil e cheia de desafios, mas elas sabiam também que era possível encarar tudo de maneira corajosa.

Porque entenderam que elas também, assim como os animais daquele jardim, poderiam contar com a ajuda do Eussou.

Pois eles ouviram que o poder que Ele possuía não se limitava àquele jardim apenas, mas invadia também os pátios da escola, as salas de aula e, mais do que isso, as ruas ao redor da escola, também o bairro todo, e chegava dentro da casa de cada uma das crianças.

Na verdade, entenderam que o poder e a presença de Eussou estavam por toda cidade, e nas cidades vizinhas também, e se espalhava pelo país inteiro, cobria os continentes, os mares e até os céus...

Ele estava nos lugares mais profundos da Terra e também nos picos mais altos!

A doce presença do Eussou invadia casas lindas e favelas. Aldeias desertas e prédios modernos. Quartos escuros e praias ensolaradas.

Enfim, Ele estava em todos os lugares! E sempre que fosse buscado por aqueles que desejavam ficar pertinho dele, seria achado!

Um mistério! Um maravilhoso e lindo mistério!

As crianças tinham aprendido que nunca estariam sozinhas e que poderiam sempre contar com a presença desse maravilhoso conselheiro! Afinal, haviam aprendido com os animais do jardim que bastava chamar pelo nome Dele e Ele estaria pronto para ouvi-las, orientá-las e socorrê-las.

Assim, elas se sentiam mais encorajadas para encarar as dificuldades que estavam vivendo. Conseguiam até entender melhor a beleza da diferença e não dariam importância para as críticas dos meninos maldosos.

Elas também estavam prontas para lutar por seus direitos, não iam mais deixar que outros ficassem falando coisas ruins a respeito delas, fazendo ameaças ou as humilhando; se fosse preciso, iriam contar tudo para todo mundo, mas não iriam mais sofrer caladas.

Leleca, finalmente, abriu o portão azul e, antes que saíssem dali, as crianças olharam para trás, na esperança de se despedirem dos animais que tanto haviam ajudado cada uma delas. Mas para a surpresa de todas, nenhum deles estava mais lá. Sim, os animais já haviam desaparecido no meio dos arbustos do jardim.

Ana derramou uma lágrima, já sentindo saudade de todos, em especial do amigo Canguru. Hugo, de cabeça erguida e muito confiante, disse:

— Vamos, amigos! Acho que estamos prontos para começar uma nova aventura!

João, com um enorme sorriso, disse:

— Sim! Vamos não apenas atravessar esse portão, mas vamos também voar alto! Não vamos mais viver com medo, nos escondendo ou sem coragem de enfrentar desafios.

O pequeno Otávio concordou. E Eni, com o rosto radiante, disse, antes de sair correndo, seguida pela meninada:

— Quero ver quem vai chegar primeiro no pátio central!

Fim.